Novena para quem tem falta de fé e vive no desânimo

Felipe G. Alves

Novena para quem tem falta de fé e vive no desânimo

EDITORA
VOZES

Petrópolis

© 2012, Editora Vozes Ltda.
Rua Frei Luís, 100
25689-900 Petrópolis, RJ
Internet: http://www.vozes.com.br
Brasil

2ª edição, 2014.

Todos os direitos reservados. Nenhuma parte desta obra poderá ser reproduzida ou transmitida por qualquer forma e/ou quaisquer meios (eletrônico ou mecânico, incluindo fotocópia e gravação) ou arquivada em qualquer sistema ou banco de dados sem permissão escrita da editora.

Diretor editorial
Frei Antônio Moser

Editores
Aline dos Santos Carneiro
José Maria da Silva
Lídio Peretti
Marilac Loraine Oleniki

Secretário executivo
João Batista Kreuch

Editoração: Frei André Luiz da Rocha Henriques
Projeto gráfico: Sheilandre Desenv. Gráfico
Capa: Omar Santos

ISBN 978-85-326-4290-5

Editado conforme o novo acordo ortográfico.

Este livro foi composto e impresso pela Editora Vozes Ltda.
Rua Frei Luís, 100 – Petrópolis, RJ – Brasil – CEP 25689-900
Caixa Postal 90023 – Tel.: (24) 2233-9000
Fax: (24) 2231-4676

Introdução

Todos aspiram à plena felicidade. No entanto, nem todos a encontram.

Quanto à religião, não é feliz aquele que sente uma fé eufórica, sem muita raiz. Este já percebeu que isto não vai levar a nada. No entanto, mais infeliz ainda é aquele que, talvez ferido por fatos da vida, talvez desiludido por maus exemplos na própria Igreja, acabou longe da comunidade religiosa, vivendo a religião de modo totalmente individualista.

Mas, o bom Pai fez você para ser plenamente feliz. Então, a felicidade é possível. Por isso, Ele lhe diz: "Conheço seu esforço em acertar, mesmo em meio a tantas decepções. Sei que você não está feliz. Por que não voltar ao seu primeiro amor? Não sabe mais o caminho de volta? Aqui estou, a fim de iluminá-lo com a NOVENA PARA QUEM TEM FALTA DE FÉ E VIVE NO DESÂNIMO".

Jesus também torce por você. Ele quer que a alegria dele seja completa em sua vida. E Ele insiste no poder da oração, dizendo: "Venha a mim, você que está cansado e sobrecarregado, e Eu lhe darei descanso. Peça e lhe será dado; busque e achará; bata e lhe abrirão. Pois quem pede, recebe; quem procura, acha; e a quem bate, se abre" (cf. Mt 11,28; 7,7-8).

Aqui você tem a novena para rezá-la com fé, devagar, meditando em cada palavra bíblica que vai encontrar, que é lâmpada para seus pés e luz para o seu caminho. Serão 9 dias de oração, 9 dias de louvores, 9 dias de encontro com a palavra divina, mais estável do que o céu e que vale mais que milhões em ouro e prata.

Mas, por favor, nada de pressa. Não é para fazer dela uma leitura rápida, mas dia por dia, durante 9 dias de fé e de profunda confiança em Quem pode socorrê-lo.

1º dia – Não confundir falta de fé com falta de sentimento

Oração inicial (veja no início da novena)

Palavra do bom Pai: Filho querido, a quem guardo debaixo de minhas asas e de quem cuido como a pupila de meus olhos, hoje envio o bom anjo para instruir você e fazê-lo crescer no dom da fé.

Palavra do bom anjo: Pronto! Eu sou o seu anjo, que sempre o rege, guarda, governa e ilumina. Amém. Lá uma ou outra vez, vejo você superfeliz, curtindo a gostosura da fé; mais vezes, porém, vejo-o triste, ao sentir que sua fé evaporou-se, deixando apenas um vazio dentro de si.

Você: Infelizmente, assim é. Por que acontece isso? Estou confuso.

Palavra do bom anjo: Conte-me: Trata-se de fé ou é puro sentimentalismo, quando você está superfeliz, curtindo a gostosura de um fervor sensível, à flor da pele? Ora, o sentimento passa como as nuvens do céu. Então, depois que o sentimento se foi, você fica pensando que sua fé está desmoronada. E o resultado: você entra na fossa. Por favor, não se deixe levar pelos sentimentos, pois a fé é uma virtude, é um dom divino e não um mero fogo de palha sentimental.

Você: Obrigado pela clareza. Mas, reze por mim, pois vivo me arrastando, na maior escuridão.

Palavra do bom anjo: Mais um erro de perspectiva. Não sentir a fé não significa que não a possui. A Beata Teresa de Calcutá também viveu essa crise: sentia-se vazia, sem amor, sem fervor. Embora soubesse estar unida a Deus, não sentia nada. Este fenômeno é conhecido como **noite escura do espírito**. Embora ela não sentisse a Cristo, por Ele ela vivia. Por Ele e para servir aos mais miseráveis da Índia, ela se levantava às 4:30h, todos os dias.

Você: Que o bom Pai do céu não deixe ser minha fé um saltitar, brotado do sentimentalismo; mas fruto da opção de ser fiel à sua vontade! Contudo, meu bom anjo, ensine-me: O que é fé?

Palavra do bom anjo: É o que se encontra na Carta aos Hebreus: "A fé é o fundamento do que se espera e a convicção das realidades que não se veem. [...] Sem fé, porém, é impossível agradar a Deus.

Pois, para se achegar a Ele, é preciso que primeiro se creia que Ele existe e recompensa quem o procura" (Hb 11,1.6).

Você: Acabo de compreender que eu estava errado por me entristecer, pensando que minha fé tivesse evaporado. Sei agora que tudo isso não passava da "noite escura" que alguns místicos experimentaram, pois continuo tentando ser fiel ao meu Pai e ao amor de meus irmãos. Bom Pai do céu, conserve-me fiel!

Louvor final (veja no final da novena)

2º dia – Senhor, eu creio. Mas, aumente a minha fé!

Oração inicial (veja no início da novena)

Palavra do bom Pai: Filho querido, a quem guardo debaixo de minhas asas e de quem cuido como a pupila de meus olhos, hoje envio o bom anjo para instruir você e fazê-lo crescer no dom da fé.

Palavra do bom anjo: Pronto! Eu sou o seu anjo, que sempre o rege, guarda, governa e ilumina. Amém. Antes, você confundia fé com sentimento. E a sua fé, está ela crescendo ou se encontra parada no tempo e no espaço?

Você: Infelizmente, estou derrapando e não vou nem para frente nem para trás. O que devo fazer?

Palavra do bom anjo: Um dia, um pai levou seu filho possesso para ser curado, e Jesus o animou, dizendo-lhe: "Tudo é possível para quem tem fé!" Imediatamente o pai do menino exclamou: "Eu creio, **mas ajude minha falta de fé**" (Mc 9,23-24). E Jesus libertou o garoto. Percebeu como é importante ser humilde e rezar a Jesus que aumente sua fé?

Você: Mas, explique-me, o que é ter fé?

Palavra do bom anjo: O Brasil produziu um dos santos mais humanos que se possa imaginar. Trata-se do Pe. Alderígi, que viveu em Santa Rita de Caldas (MG) e faleceu em 1977, cujo processo de beatificação começou em 2001. Sobre a fé ele ensinava: "A fé divina tem uma grande diferença da fé humana. A fé divina é a aceitação da palavra do próprio Deus e é um dom, um presente sobrenatural que Deus deu ao homem. Aprendamos a estimar a nossa fé como o mais precioso tesouro com que Deus enriqueceu a nossa inteligência. [...] O essencial da boa oração é estarmos firmes e inabaláveis na fé".

Você: Mas eu preciso é de exemplo concreto de fé. Que exemplo você me traz?

Palavra do bom anjo: Lá por 1960, a senhora que enfeitava a igreja, em Santa Rita de Caldas, encontrou uma porção de papéis debaixo da imagem de Santa Rita. Logo perguntou ao sacristão: "Que papelada é essa?" – "Pergunte ao Pe. Alderígi!" – Como o santo servo de Deus dava tudo o que tinha aos pobres e lhes permitia comprar todos os remédios em sua conta, tinha chegado de Belo Horizonte ordem de pagamento e o padre não tinha com que pagar. Deixou toda a papelada sob a imagem e teve fé no poder de Deus. E foi atendido, pois naqueles dias chegaram 22 contos, enviados por um importante político, amigo seu.

11

Você: Bom Pai do céu, aumente a minha fé!" Que ela cresça, elevando-me cada dia mais alto na escada do amor e da compaixão a todos que de mim precisarem! Amém.

Louvor final (veja no final da novena)

3º dia – Para ter fé verdadeira é preciso aceitar Jesus como Senhor

Oração inicial (veja no início da novena)

Palavra do bom Pai: Filho querido, a quem guardo debaixo de minhas asas e de quem cuido como a pupila de meus olhos, hoje envio o bom anjo para instruir você e fazê-lo crescer no dom da fé.

Palavra do bom anjo: Pronto! Eu sou o seu anjo, que sempre o rege, guarda, governa e ilumina. Amém. Sei que você muito deseja que sua fé cresça, para enfrentar a fúria de qualquer tempestade! Saiba então que, para que isso aconteça, você precisa aceitar Jesus como Senhor.

Você: Mas é lógico que todos aceitam Jesus como Senhor, nomeando-o sempre como "Nosso Senhor Jesus Cristo".

Palavra do bom anjo: Começando com você, veja lá, você o chama de Senhor, mas obedece à vontade dele, ou à sua própria vontade? Onde fica, então, o senhorio de Jesus? O que adianta chamar Jesus de rei ou de senhor, se não lhe obedece nem o ama?

Você: Mas, eu o amo.

Palavra do bom anjo: Então, não se esqueça das palavras de Jesus: "Se guardarem os meus mandamentos, permanecerão no meu amor" (Jo 15,10). Quer um exemplo de quem teve fé em Jesus e por isso o amou e a Ele se entregou? Paulo. Veja isto na Carta aos Gálatas 2,19b-20.

Você: "Estou pregado à cruz de Cristo. Eu vivo; mas, já não sou eu; é Cristo que vive em mim. Minha vida presente na carne eu a vivo pela fé no Filho de Deus, que me amou e se entregou por mim".

Palavra do bom anjo: Veja com que paixão Paulo o amou e a Ele se entregou: "Quem nos separará do amor de Cristo? A tribulação, a angústia, a perseguição, a fome, a nudez, o perigo, a espada? [...] Nenhuma outra criatura poderá separar-nos do amor de Deus manifestado em Jesus Cristo, nosso Senhor (Rm 8,35.39).

Você: Senhor Jesus, digno de receber o poder e a honra, a glória e a bênção, pois, por amor, o Senhor entregou sua vida por mim. O Senhor olhou com amor para mim e me presenteou com a graça da fé. Por isso, eu clamo: Aumente a minha fé de tal modo que eu possa colocar em suas mãos o meu espírito. Então, sempre e em toda a hora irei fazer toda a sua vontade. Amém.

Louvor final (veja no final da novena)

4º dia – É preciso ter sede e ir até Jesus

Oração inicial (veja no início da novena)

Palavra do bom Pai: Filho querido, a quem guardo debaixo de minhas asas e de quem cuido como a pupila de meus olhos, hoje envio o bom anjo para instruir você e fazê-lo crescer no dom da fé.

Palavra do bom anjo: Pronto! Eu sou o seu anjo, que sempre o rege, guarda, governa e ilumina. Amém. Eu conheço sua aspiração. Você está cansado de viver se arrastando no campo da fé. Pena que você teima em ficar surdo à voz que clama em seu coração: "Venha a mim, você, que está cansado e sobrecarregado, e Eu lhe darei descanso" (cf. Mt 11,28).

Você: Não creio estar eu surdo ao convite de Jesus. Pelo contrário, grito e não sou ouvido.

Palavra do bom anjo: Eu sei que você vai até Jesus. Mas, não basta ir até Ele. É preciso ter sede dele. Veja o que Ele gritou, numa festa, lá em Jerusalém: "Se alguém tiver sede venha a mim e beba" (Jo 7,37b).

Você: E quem lhe disse que eu não tenho sede de Jesus? O que você entende por ter sede?

Palavra do bom anjo: Alguns não têm sede, porque se contentam com o pouco de religião que têm. Outros ainda estão contentes com alguma prática religiosa e ficam nisso. Pior ainda são aqueles que não são nem quentes nem frios. São mornos. E o Vidente, o que escreveu ele no Apocalipse 3,15-16?

Você: "Conheço suas obras. Você não é nem frio nem quente. Oxalá fosse frio ou quente. Mas porque é morno, nem frio nem quente, estou para vomitá-lo de minha boca".

Palavra do bom anjo: Como o bom Pai sonha coisas grandiosas para a sua vida! Feche os olhos e pule sem medo, mergulhando fundo nas águas de Cristo!

Você: Até Jesus, fonte de água pura, eu elevo a minha alma: "Como a corça suspira pelas correntes de água, assim minha alma suspira pelo Senhor, meu Deus. Minha alma tem sede de Deus, do Deus vivo: Quando entrarei para ver a face de Deus? [...] Por que está abatida, ó minha alma, e geme dentro de mim? Espere em

Deus! Ainda o aclamarei: 'Salvação da minha face e meu Deus!'" (Sl 42,2-3.6).

Louvor final (veja no final da novena)

5º dia – É preciso aceitar a vontade de Deus e a Ele se converter

Oração inicial (veja no início da novena)

Palavra do bom Pai: Filho querido, a quem guardo debaixo de minhas asas e de quem cuido como a pupila de meus olhos, hoje envio o bom anjo para instruir você e fazê-lo crescer no dom da fé.

Palavra do bom anjo: Pronto! Eu sou o seu anjo, que sempre o rege, guarda, governa e ilumina. Amém. Eu não acredito que alguém possa ter sede de Jesus e querer permanecer no erro. Veja isso na Carta de Tiago 2,14.17:

Você: "De que aproveitará, meus irmãos, a alguém dizer que tem fé, se não tiver obras? Poderá a fé salvá-lo? Assim também a simples fé: se não tiver obras, será morta".

Palavra do bom anjo: Que maravilha esse dom da fé, demonstrado pelas obras, por uma vida bem vivida, sob a luz do alto! E você continua querendo saber o que é mesmo essa tal de fé? A resposta se encontra na Carta aos Hebreus 11,1-2.8. Leia, por favor!

Você: "A fé é o fundamento do que se espera e a convicção das realidades que não se veem. Foi a fé que fez a glória dos antigos. [...] Pela fé, Abraão, ao ser chamado, obedeceu e saiu para a terra que havia de receber por herança, mas sem saber para onde ia". Como é luz esse mundo espiritual! O que devo fazer para viver dentro dele em plenitude?

Palavra do bom anjo: Qual é a primeira palavra de Jesus, no Evangelho de Marcos? É um pedido de conversão: "Completou-se o tempo e o Reino de Deus está próximo. **Convertam-se** e creiam no Evangelho" (Mc 1,15).

Você: Conversão, o que você entende por isso?

Palavra do bom anjo: Trata-se de mudança de caminho, mudança de atitude diante de Deus. Se antes você só procurava fazer a sua vontade, agora vai trilhar o caminho de Jesus, que é fazer a vontade do Pai.

Você: "Senhor, o Senhor é minha esperança; é minha confiança desde a juventude; desde o ventre materno é meu amparo; das entranhas de minha mãe me extraiu; minha prece ao Senhor se eleva sem cessar. Para muitos tornei-me um prodígio, porque o Senhor era meu refúgio fortificado" (Sl 71,5-7).

Louvor final (veja no final da novena)

6º dia – É preciso entregar-se totalmente a Deus, dando-lhe tudo; até o "coelhinho branco"

Oração inicial (veja no início da novena)

Palavra do bom Pai: Filho querido, a quem guardo debaixo de minhas asas e de quem cuido como a pupila de

19

meus olhos, hoje envio o bom anjo para instruir você e fazê-lo crescer no dom da fé.

Palavra do bom anjo: Pronto! Eu sou o seu anjo, que sempre o rege, guarda, governa e ilumina. Amém. Já percebeu a paz que sente uma criancinha dormindo nos braços de sua mãe? Só tranquilidade. Esta deve ser a imagem de quem vive a fé, confiante no amor infinito do bom Pai.

Você: Tudo isso é lindo demais. No entanto, parece mais poesia do que realidade. Não existe exemplo de alguém que assim pôde viver e experimentar essa "fé-entrega-total"?

Palavra do bom anjo: São Francisco de Assis. Quando estava ele por demais doente, um frade lhe perguntou o que ele preferia: Toda essa doença ou ser martirizado. E o santo assim respondeu: "Filho, para mim, a melhor coisa, a mais agradável e desejável, *sempre consistiu em fazer* o *que o Senhor mais desejar de mim e em mim*. A única coisa que desejo é estar sempre de acordo e obedecendo sua vontade em *tudo* e *por tudo*[1].

Você: Isto é que é "fé-entrega-total". Mas, como chegou ele a tal atitude?

Palavra do bom anjo: Só pode ter sido com Cristo, que na hora de sua morte entregou-se plenamente nos braços divinos: "Pai, em suas mãos entrego o meu espírito. Dizendo isto, expirou" (Lc 23,46).

Você: Eu também quero me entregar inteiramente, sem nenhuma reserva, nas mãos do bom Pai.

Palavra do bom anjo: Sei que sua atitude brota de um coração cheio de boa vontade. Mas, siga um diálogo entre uma menina de 5 aninhos com sua mãe, que revela que sempre existe uma coisinha que impede a plena doação: "– *Mãe, a nossa casa é de Deus?* – Mas é claro, filhinha. Tudo pertence a Ele. - *Meus brinquedos também*

---

1. TOMÁS DE CELANO. *Vida de São Francisco de Assis.* Tradução de José Carlos Corrêa Pedroso. Petrópolis: Vozes/Cefepal, 1975, p. 68.

são de Deus? – Sim, menina, tudo é de Deus, até mesmo seus brinquedinhos. – *Meu coelhinho branco também?* – Sim. Tudo. – *Não. O meu coelhinho branco é meu*". Sei que você quer se entregar, sem nenhuma reserva, nas mãos do bom Pai. Mas, não estaria você reservando para si algum "coelhinho branco", só seu, seja ele algum pecado de estimação, alguma mágoa ou coisa qualquer?

Tarefa do dia: *Qual o coelhinho branco que está impedindo você de crescer na fé e na santidade? Entregue também esse para o bom Pai do céu!*

 Louvor final (veja no final da novena)

7º dia – O sim pleno de Maria Santíssima

 Oração inicial (veja no início da novena)

Palavra do bom Pai: Filho querido, a quem guardo debaixo de minhas asas e de quem cuido como a pupila de meus olhos, hoje envio o bom anjo para instruir você e fazê-lo crescer no dom da fé.

Palavra do bom anjo: Pronto! Eu sou o seu anjo, que sempre o rege, guarda, governa e ilumina. Amém. Sabia que alguém da raça humana, a quem veneramos como nossa Rainha, está muito acima de nós anjos? O meu colega Gabriel foi até ela e assim a saudou: "Alegre-se, cheia de graça, o Senhor está contigo!" (cf. Lc 1,28). E quando ele revelou à nossa rainha e sua mãe que ela seria mãe de Deus, aí ela demonstrou ao mundo inteiro que fé é estar nas mãos de Deus para fazer toda a sua vontade. "Disse então Maria: 'Eis aqui a serva do Senhor. Aconteça comigo segundo sua palavra!'" (Lc 1,38).

Você: Santíssima Virgem Maria, estrela brilhante a iluminar meu caminho! Sua fé é tão grande que até sua prima Isabel a contemplou e exclamou: "Bendita é a senhora entre as mulheres! [...] Feliz é aquela que **teve fé** no cumprimento do que lhe foi dito da parte do Senhor" (Lc 1,42a.45). Bendito e celebrado seja o seu nome para sempre!

Palavra do bom anjo: Gostaria que você conhecesse um pouco mais aquele santo brasileiro, cujo amor a Maria não tinha medida. Trata-se do Pe. Alderígi. Ele meditava tanto o santo rosário que chegou a ter calos entre os dedos, de tanto deixar suas contas passar entre eles. Como pregava bonito sobre ela! Suas romarias a Aparecida eram edificantes. Pe. Geraldo Camilo, testemunha ocular, assim relatou: "Logo que chegava a Aparecida, o seu primeiro ato era entrar, de joelhos, desde a porta até à grade da comunhão, na famosa basílica". Outra testemunha, o Pe. Elias, acrescentou: "Quando Pe. Alderígi ia a Aparecida, entrava na basílica de madrugada e só saía para o almoço. Ficava servindo de acólito, em todas as missas. Quando se retirava da basílica, ainda deixava uma gorjeta aos coroinhas, a quem o substituía"[2].

Você: Se a fé faz milagres, não fez esse santo brasileiro nenhum milagrezinho, não?

---

2. Cf. ALVES, Felipe Gabriel. *Alderígi, perfume de Deus em frasco de argila*. Petrópolis: Vozes, 1994.

Palavra do bom anjo: Quantos e quantos milagres já em vida e muito mais agora, bem perto de sua mãe, Maria Santíssima. Veja um deles apenas: Vânder de Oliveira, ainda bebezinho, perfurou o tímpano. Fez tratamento durante 3 meses e nada resolveu, ficando constatado que a audição estava perdida em 25%. Pe. Alderígi rezou pelo menino e, depois, fez uma promessa de ir a Aparecida e lá celebrar uma missa aos pés de Nossa Senhora, pedindo a cura do menino. Lá ele colocou uma senhora representando a mãe, aos pés do altar. Dirigiu-se aos fiéis: "Aqui está uma mãe pedindo para outra mãe, a Nossa Mãe do Céu, um grande favor. Peço que todos rezem para que essa graça seja alcançada". Depois de 30 dias, o médico afirmou que os furos no tímpano eram insignificantes, do tamanho da cabeça de um alfinetinho. Disse também que foi uma grande graça e que nem precisaria de cirurgia.

Tarefa do dia: *Reze um terço do rosário de Nossa Senhora!*

Louvor final (veja no final da novena)

8º dia – A fé confiante o impulsiona em direção à Santa Confissão

 Oração inicial (veja no início da novena)

Palavra do bom Pai: Filho querido, a quem guardo debaixo de minhas asas e de quem cuido como a pupila de meus olhos, hoje Eu não lhe envio o bom anjo para instruir você, mas, sim, o meu próprio Filho. Ele chega, não para condenar o mundo, mas, para que o mundo seja salvo por Ele (cf. Jo 3,17).

Palavra de Jesus: Eu sou o bom pastor e conheço você como minha ovelha e por você Eu dou a minha vida. Aqui estou para lhe dar paz e alegria, e que elas em você sejam completas.

Você: Meu Senhor e meu Deus! O Senhor é minha luz e salvação. Ó fonte de água viva, mate essa sede antes que ela me mate.

Palavra de Jesus: Para você Eu venho trazer a vida e o meu presente de Páscoa.

Você: Presente de Páscoa? Qual seria ele?

Palavra de Jesus: O que disse Eu aos meus apóstolos, naquele dia da Ressurreição? Recorde minhas palavras: "Recebam o Espírito Santo. A quem perdoarem os pecados serão perdoados. A quem não perdoarem os pecados não serão perdoados" (Jo 20,22-23). Meu presente de Páscoa é aquilo que a Psicologia mais admira, o Sacramento da Confissão.

Você: Feliz de mim que tenho fé em suas palavras e aceito esse rico presente pascal, o perdão de meus pecados. Era bem nesse presente que o Senhor estava pensando ao pedir a nossa conversão já no Antigo Testamento: "Lavem-se, purifiquem-se! [...] Ainda que seus pecados sejam como púrpura, tornar-se-ão brancos como a neve. Se forem vermelhos como o carmesim, tornar-se-ão como lã" (Is 1,16-18).

da fé que o impulsiona a uma Santa Confissão.

 Louvor final (veja no final da novena)

9º dia – Eucaristia, mistério da fé: Celebrando vida nova

 Oração inicial (veja no início da novena)

Palavra do bom Pai: Filho querido, a quem guardo debaixo de minhas asas e de quem cuido como a pupila de meus olhos, ninguém melhor que Jesus para lhe falar da Eucaristia, o máximo de seu amor a mim e a toda a humanidade. Ouça-o!

Palavra de Jesus: Caríssimo, para você todo o meu carinho. Sabia que minha morte na cruz foi o máximo de manifestação de meu amor para com meu Pai? Neste meu sacrifício, Eu lhe dei toda a glória, toda a adoração que Ele merecia. Só que esse ato sublime não ficou apenas na cruz. Minha morte e ressurreição, Eu a renovo, Eu a torno presente, em forma de refeição, em cada Sacrifício Eucarístico. Foi assim que Eu mandei: "Façam isto em memória de mim" (1Cor 11,24b).

Você: Que fantástico! Então, em cada missa que eu participo, eu estou oferecendo ao Pai o máximo e único sacrifício que Ele merece? Bendito seja o Senhor pelo dom da fé!

Palavra de Jesus: É isto que Paulo queria dizer ao escrever aos coríntios: "O cálice de bênção que benzemos não é ele a comunhão do sangue de Cristo? E o pão que partimos não é ele a comunhão do corpo de Cristo? Porque somos um só pão e um só corpo, apesar de muitos, pois todos participamos desse único pão" (1Cor 10,16-17).

Você: Grande este mistério da fé!

Palavra de Jesus: Estou contente com você, que deixou minha palavra crescer e frutificar em seu coração. No entanto, gostaria que todos conhecessem mais o Servo de Deus Pe. Alderígi, que viveu nas alturas das montanhas de Minas. Mais do que ninguém ele acreditou no mistério da Eucaristia. Acreditou e por ela viveu. Veja esse fato: Os que preparavam o Congresso Eucarístico do Rio de Janeiro, em 1955, faziam uma campanha para angariar pedras preciosas, para enfeitar a custódia do Santíssimo Sacramento. O Pe. Alderígi tinha uma e a enviou para a comissão organizadora. Ele mesmo comentou com uma funcionária dos correios, que haveria de fazer o pacotinho e enviá-la: "É a única coisa preciosa que eu tinha. Estava guardando a fim de ser vendida para cobrir os gastos com os meus funerais. Mas, afinal, não preciso disto, pois, naquela ocasião, meus filhos saberão cuidar de mim"[3].

Você: Jesus, faça minha fé eucarística ser assim autêntica e vivida no meu dia a dia. Que todos os que se aproximarem de mim percebam com que alimento minha alma é fortificada.

---

3. Conheça mais esse servo de Deus lendo os três livros da Editora Vozes: *Alderígi, gigante com olhos de criança*; *Alderígi, perfume de Deus em frasco de urgila*; e *Novena pedi e recebereis.*

Palavra de Jesus: Veja mais essa, para entender que a fé do Pe. Alderígi não era uma simples teoria, mas algo que ele vivia a todo o momento: Uma senhora recebeu dele o encargo de cuidar dos corporais e sanguíneos, os paninhos brancos com os quais o padre purificava o cálice dourado da missa. Quando os lavava, tinha ela de forrar o varal com uma toalha, sobre essa toalha estender os paninhos sagrados e, sobre eles, colocar outra toalha, como proteção. Não queria que nem a poeira os tocasse, pois sobre eles repousariam a hóstia e o cálice sagrado do altar.

Você: Senhor Jesus, como o seu amor faz maravilhas em seus santos! Obrigado porque o Senhor reacendeu a minha fé e reanimou a minha vida! (*Voltando-se em direção à sua igreja, entoe um cântico religioso, de preferência, um cântico eucarístico, se souber*).

Louvor final: (veja no final da novena)

32

Palavra de Jesus: Em minha Parábola do Filho Pródigo (Lc 15,11-24), em poucas palavras Eu explico a necessidade de arrependimento e de conversão. Mas, nela o mais lindo é a atitude do bom Pai que faz uma festa por causa do arrependimento e da confissão do filho que voltava e que foi recebido novamente como filho muito amado.

Você: Deixe-me agora celebrar essa sua infinita misericórdia: "Bendiga, ó minha alma, ao Senhor e não esqueça nenhum de seus benefícios! Ele perdoa todas as suas culpas e cura todas as suas enfermidades. Quanto se elevam os céus sobre a terra, tanto prevalece sua misericórdia pelos que o respeitam. Quanto dista do Oriente o Ocidente, tanto afasta Ele de nós nossos delitos. Como um pai sente compaixão pelos filhos, assim o Senhor se compadece dos que o respeitam. Bendiga, ó minha alma, ao Senhor!" (Sl 103,2-3.11-13.22b).

Tarefa a cumprir: *Nada mais lógico do que procurar um sacerdote – não precisa ser hoje – e, arrependido, viver a riqueza*